OHMAE-GOROKU

大前語録

勝ち組ビジネスマンになるための88か条

大前研一

小学館

KENICHI OHMAE

大前語録

勝ち組ビジネスマンになるための88か条

はじめに

このところ日本のビジネスマンの間では「マッキンゼー式」「マッキンゼー流」のロジカル・シンキング（論理思考）によるプロブレム・ソルビング・アプローチ（問題解決手法）を解説した本が人気を集めている。それを書いているのは当然マッキンゼー出身者だが、彼らが受けた教育は、元をたどれば40年前に私が世界中のマッキンゼー事務所で使われていたいろいろな分析手法を日本用に体系化し、汎用化した「大前式」「大前流」である。もちろんそこには科学者として育ってきた私の思考方法や、大好きなギリシャの論理学の手法が織り込まれている。

経営コンサルタントの仕事は「言い切る」ことが重要だ。つまり「社長、やりましょう！」と言うか「やめましょう」と言うか、どちらかでないと意味がない。だが、日本のなんとか総研などは「but…」「however…」が多く、「社長、やってもいいですよ」「でも、こういう場合も考えられるので…」などと言っている間に結論は何なのか、わからなくなってしまうケースがままある。いわば「晴れのち曇り、雨の確率は30％、ところにより曇り時々雨」という曖昧《あいまい》な天気予報のようなものである。しかし、経営コンサルタントは「傘を持っていってください」、もしくは「傘は必要ありません」と明確な結論を出して言い切らねば、経営者は行動できない。

だから私は、企業が直面している問題の根本的な原因を抉り出して絞り込み、それに対する最も効果的な解決策を提案・実行するプロブレム・ソルビング・アプローチをマッキンゼーの部下たちに叩き込み、成果を上げてきたのである。もし、その解決策が正しくなかったら、あるいは前提条件が変わってきたら、すぐに再吟味し、必要なら修正すればよいのだ。確信を持って行動に移し、成果を出す。それが経営というものだ。

ところが、日本の教育を受けてきた人の大半は、なんとか総研と同じく精度を上げようとするあまり、「言い切る」ことが苦手である。なぜなら、日本の教育が○×式のため、×がつくこと、すなわち「失敗すること」を恐れるようになってしまうからだ。

たとえば、私の息子は中学校の英語の授業で「My mother is american」と書いて×

を2つもらってきた。americanのaが大文字ではなく、ピリオドも打ってなかったからである。これに対して妻は「アメリカ人の私に通じるのに、なぜ×なのか?」と憤慨して先生に抗議したが、一事が万事で、日本の教育は些細な間違いでもすべて×にしてしまう。だから日本人は〝パブロフの犬〟のごとく、条件反射で失敗を避けるようになっているのだ。

しかし、そういう人は21世紀のビジネスの世界では全く役に立たない。答えのない今の時代は、とにかく意思決定して人よりも早く前に進まねばならないのである。

だから私は、日本のビジネスマンには、あえて自分が問題だと考えていることを上司や同僚の前で「言い切ってみろ」とアドバイスしたい。この本には、私がこれまで体系化した「大前式」の集大成とも言えるビジネスの判断が凝縮されている。これを参考にして、あなたも明日から「言い切る」「行動する」「結果を出す」ビジネスマンに変身していただきたい。

2015年9月　大前研一

ブックデザイン　ヤマシタツトム
イラストレーション　サイトウユウスケ
本文挿絵　へいないかずお
編集協力　中村嘉孝
編集　工藤昌吾

第1章 ビジネスマンを奮い立たせるための42か条

第2章 最強のリーダーになるための24か条

第3章 人生を強く生きるための22か条

第1章

ビジネスマンを奮い立たせるための42か条

01

いい上司に恵まれまして……
と言っているようじゃ、君の未来は暗い。
それでは、いい上司に恵まれなかったら
終わりではないか。

実際に「いい上司」がいる可能性は非常に低い。間違った業界に長居した人、正しい業界でも間違ったやり方でうまくいってそれなりのポジションについた人、そうした人が上司になっている可能性が非常に高いのだ。

「いい上司に恵まれまして」と口にする場合、おそらく性格がいいとか、自分の好きなことをやらせてくれるとか、そういう意味で「いい上司」なのだろう。だが、その上司がもし本当にできるサラリーマンだったらそこにいないはずである。

自分にとって本当に「いい上司」とはどんな上司なのか、サラリーマン諸君はよく考えてほしい。

02

日本には「大器晩成」という言葉があるが、
実際にはそういう人はあまりいないと思う。
私に言わせれば、それは
最初にサボっているだけだ。

これからの社会で生き残っていくためには、どんな会社や業界でも通用するスキルを身につけなければならない。その点、私が勤めていたマッキンゼー・アンド・カンパニーの出身者は、世界中のあらゆる業界のさまざまな会社で30代から活躍している。なぜ、こうも短期間で伸びるのか。

答えは「入社○年目にはこういう人間になっていないといけない」という目標を細かく定め、その物差しに沿って厳しくトレーニングするからだ。

会社に勤めた以上は、社長になれる「ゼネラリスト」としての能力を磨くことが重要であり、社長になるのが無理だとなったら、専門分野をひとつ選び、その分野では余人をもって代えがたいと言われる「スペシャリスト」を目指すべきだ。

03

当たり前のことを当たり前にやっていたら、
当たり前の結果にしかならない。
どこかに当たり前でない
エキセントリックなところがないと、
他より抜きん出ることはできない。

ビジネスの成功者に共通しているのは、商売の〝度〟が普通の人を著しく超えている、ということだ。

あるベンチャーの清掃会社は、フランチャイジーの試験で、公衆便所の掃除をさせて、そこで躊躇《ちゅうちょ》したら採用しない、という徹底ぶりだった。しかし、それが企業の理念に繋《つな》がっているので文句を言う人はいなかった。

商売の種がたくさんあって、資本も調達しようと思えばできるのだから、事業を起こすには絶好のチャンスである。だが、それを実行する勇気を持った人間が出てこない。いったい若者は何をしているのだ、という気持ちでいっぱいだ。

04

日本人は従来のサラリーマンの
メンタリティを捨てる必要があると思う。
従来のサラリーマンのメンタリティとは、
9時から5時まで
何となく仕事をしているふりをして
残業代を稼ぐという、
しみったれた根性である。

日本のサラリーマンは、明らかに世界で最も朝型人間から遠い存在だ。最近は通勤ラッシュのない早めの時間に自宅を出る人も少しずつ増えてきているが、アメリカの猛烈社員型エグゼクティブのように朝7時から仕事をバリバリやっている日本人は少ない。業績を厳しく計られてこなかった日本人の場合、何となく仕事はキャッシュレジスターが回っている時だけにしよう、という心理が働くからではないかと思う。常に業績を厳しくジャッジされるアメリカ人やイギリス人の場合は、「自分が何をやらなければならないのか」という観点で思考し、仕事を考えるので、残業代を稼ぐというメンタリティがない。

あなたがプロフェッショナルになりたければ、従来のサラリーマンのメンタリティとはおさらばして、自分の目標をしっかり定め、それを効率の良い朝を活用して達成すべきなのである。

05

「自分から最も遠い人こそ
自分の人脈にする」
――これが人脈作りの最大の要点である。

人脈作りは、自己改造の重要なテーマだ。

ところが、サラリーマンはしばしば「自分と近い人」を自分の人脈にしてしまう。学校の同級生、先輩、後輩、サークルの仲間、同郷の人、同じ業界、同じ職種、取引先……。こうした人たちと一緒にいると居心地が良い。知識、体験、思い、価値観などを共有しているからだ。だが、彼らから新鮮な情報は得にくく、視野も広がりにくい。

自分から最も遠い人こそ自分の人脈にする。これが人脈作りのポイントだ。日本人より外国人、同世代よりも年の離れた世代、同性より異性、同郷人より出身地の異なる人、他業種、他職種……「自分から最も遠い人」とも円滑にコミュニケーションできることは、サラリーマンにとって重要なセンスであり、彼らこそが貴重な情報と理解をもたらしてくれる。

06

人脈を掘り起こしていく時には、
初めに相手にどういう質問をするかが
ポイントになる。
最初は単純な質問でも、その答えの中に
次の質問のヒントが隠されていることを、
覚えておいてもらいたい。

私は、興味があればどこへでも出かけ、誰にでも質問する。これが人脈作りの基本である。

飛行機に乗った時は隣の座席に座っている人に必ず話しかけるようにしている。隣席には自分の人脈を超えた未知の人物が座っているわけだ。ならば少しでも隣人から学び、情報を得ようという発想である。一期一会の〝一時的人脈〟だ。しかし、ずっと付き合い続けることを前提に話しかける必要はない。一時的であっても、有効な情報交換ができれば、それもまた立派な人脈だと考えるべきだ。

その際は、初めに相手にどういう質問をするかがポイントになる。難しいことを聞かず、相手が答えられる質問をすることだ。そうやって会話を深めていけば、必ずや有意義な情報を得ていることだろう。

07

悪魔の主張をする――
反対を表明する勇気を持つことが、
ビジネスマンにとって
いかに必要かを痛感している。

ディベートに、「Devil's advocate（＝悪魔の主張）」という手法がある。相手の意見にとりあえず「反対」を唱えてから議論を進める手法だ。私自身、マッキンゼー・アンド・カンパニー時代には、「Mr. Disagree（ミスター反対）」と呼ばれるほど常務会などの議論の場で反対し続けた。

悪魔の主張は辛い。何しろどんな良い提案にも反対しなければならない。反対してしまった以上、相手の提案への論理的な反証と、有効な代案を提示する「証明する責任」が生じる。無意味なように思えるかもしれないが、反対者からの批判をクリアしていくことで、提案内容はさらに良くなっていく。

悪魔の主張と正反対なのが、相手の意見をそのまま受け入れてしまう態度だ。そのほうが証明する責任も生じず、楽だからである。これは、知的に怠惰な人間のすることである。

08

ビジネスでは「真実」がボスの言うことよりも上位概念である。

日本人は、「上司はこう考えているのではないか」と推量して、それに沿った答えを出すクセがついている。したがって自分で答えを考えようとしない。

上司が何から何まで言ってくれれば、それを考えずにやってしまったほうが楽だ、と思い込んでいる人が多い。その結果、日本企業は競争力を落としてきている。集団として問題解決能力を失ってしまったからだ。ビジネスではボスの言うことよりも、「真実」が上位概念なのである。

09

「腐っても鯛」「寄らば大樹の陰」
という諺《ことわざ》が日本にはあるが、
私に言わせれば、
腐った鯛は単なる腐った魚である。
倒れる大樹の陰にいたら潰《つぶ》されてしまう。

日本の企業は、変化しなければならないと気がついていながら、そのために従来の秩序と制度を壊して、変化の第一歩を踏み出すことには躊躇する。秩序と制度は温存したまま、できることなら会社としては新しい世界に行きたいと言っている。

しかし、それは無理である。そういう矛盾を内包した古い会社はこれから淘汰されるだろうし、自壊していく速度も予想以上に速いと思う。腐って倒れることがわかっている会社に、若い人は定年までしがみついていたいのか、自分で自分に問いかけてもらいたい。

⑩

最後の最後に徹夜で帳尻を合わせて
「ああ、何とかレポートだけは間に合った」
という仕事のやり方をする人がいるが、
徹夜というのは（おそらく麻雀などのギャンブル以外では）
人生のうちにそれほど何度も
できるものではない。

上司の言われる通りにやっていたら、そういうサラリーマンは「駒」になるだけである。付加価値を出せる存在になるためには、何日までにやらなければいけないと思った仕事に対し、必ずその日までに完成させる力を磨かなければならないのだ。

それには、着地点のイメージと着地のタイミングを考えて、そこから「自分が今やるべきこと」「自分がやらなくてもいいこと」をはっきりわけることだ。

よく、徹夜や残業で帳尻を合わせる人間がいるが、そういうサラリーマンは、今度は、ふだんでも漫然とした「徹夜のクオリティー」しか出せなくなる。キレのあるクオリティーを出そうと思ったら、最後に徹夜をしなくても完成させられるように努力しなければならない。

⑪

宵越しのメールは持つな。
メールの返事はすぐに出す。

ビジネスメールのメリットのひとつはスピードである。

メールを書くのに30分も1時間もかける人がいるが、それは無駄な時間だ。スピードというメールのメリットを共有するためには、メールを読んだら、すぐに返信するのが鉄則。次の日にまで持ち越してはいけない。案件はすぐに処理して、決断を引き延ばさないことである。

リサーチを要し、複雑な説明をしなければならない用件については、まず「詳しい返事は週末に」と返信の上、のちに正式な返事を送ればいい。

⑫

自分から進んで時間配分を変えない限り、
人生は変わらない。
個人がコントロールできる唯一のものは
時間配分だからである。

スケジュールを作り（S＝スケジュール）、行動を起こし（A＝アクション）、その効果が出たか業績を評価する（P＝パフォーマンス）。この〝大前流SAP〟を、まず実行してほしい。自分の1か月のスケジュールを見て、無理なく削れるのはこれとこれだから、こういうパターンにしよう、と決める。そして次の1か月分のスケジュールを作る。そのスケジュールに、今度は「自分のあるべき姿」（なりたいイメージ、取りたい資格、スペシャリストになりたい分野など）を当てはめていく。

この〝大前流SAP〟を実行し、半年ごとに達成度を評価して修正する。これを数年続ければ、人生は変わるはずだ。

⑬

仕事が遅い人ほど、
やらなくてもいいことを延々とやっていたり、
たいして必要のないところに
多くの時間を割いていたりするものである。

無駄なことをしないというのは、仕事のスピードを上げるための大切な要素だ。無駄の最たる例が、資料やデータを探す作業だ。しかも、仕事の遅い人に限って「あのデータ、どこだったっけ」と、一度調べたデータを二度も三度も探す傾向にある。

私は、気になる資料やデータは、とりあえずパソコンに取り込んでしまう。ネットの記事なら、そのままコピー＆ペースト。紙の資料はスキャンしてＰＤＦで保存する。そして、それをメールに添付して自分宛てに送付するのだ。これによって、必要な時に確実に検索できる。メールで送付するのは、メール検索機能を用いることで、検索漏れを防ぐためだ。こうしておけば、より確実に目的の情報を素早く見つけ出すことができる。

⑭

与えられた仕事を
与えられた通りにやっているだけの人には
〝名札〟がつかない。
〝名札〟がつかなければ
〝値札〟もつけられない。

もし、私が面接官なら「協調性がある」とか、「上司から与えられた仕事は必ずきちんとこなします」と答える人は、絶対に採用しない。「人一倍努力します」も、それだけではダメだ。こういう人は単なる体力勝負で、このタイプはたいてい40歳を過ぎると使いものにならなくなる。

他人にはできない発想をして、それを実行できる人材こそ、今、求められているのだ。他人にできないことをやるのが「仕事」であり、誰でもできることをやるのは「作業」でしかないのである。

⑮

「平均点」の仕事を続けていると、必ず会社の売り上げは下がってくる。

たとえば、ある営業マンが、自分の担当エリアで新しいお客を開拓せず、前任者と同じお客さんを回って同じくらいの注文を取っていたとする。それを続けていたら、いずれ同業他社や異なる業態のライバル企業が入ってきて、顧客は奪われる。つまり「平均点」＝「昨日と同じ成績」であり、相対的に見れば徐々に下がってきて「落第点」になっていくのだ。それを取っているだけの「平均的な社員」は給料が上がる理由がないのである。

⑯

上司が「A」と言ったら、「A＋B」の仕事をこなさなければならない。

Ａをやらなかったら上司に文句を言われるから、最初はＡの仕事はやらざるを得ない。だが、Ａに加えて自分のやり方で新しくＢの仕事を創り、結果を出して初めて価値が出てくるのだ。

仕事というのは、自分で見つけて、自分なりのやり方に変えていくものだ。

17

むしろ営業マンにとって大事になってくるのは、「負け方」である。

他社との競争に負ける。これは、営業の宿命である。全戦全勝といかないのが、営業という仕事なのだ。だから、全勝を目指して強引な営業活動をすると、顧客に不快感や不信感を抱かせ、二度と会ってもらえなくなるだけでなく、営業マン自身にとっても時間と労力の無駄ということになる。

営業マンが大事にすべきは「負け方」なのだ。負けることで逆に顧客との関係を強化し、将来の「勝ち」に繋げることは可能だ。

たとえば、自社の商品が顧客の使用目的とマッチしなかったとしよう。そういう場合は、すぐさま売り込みを中止し、顧客のニーズにあった他社製品を紹介するのも手だ。ポイントは自分が窓口になること。顧客からすれば、自社利益だけを追求せず、こちらの利益を考えてくれている、ということになる。おそらくこの顧客は、将来、また声をかけてくれるだろう。これが、万全の負け方の一例だ。

⑱

仕事には面白い仕事のやり方と、面白くない仕事のやり方がある。

マッキンゼー時代にトヨタや松下（現パナソニック）といった有名企業とばかり仕事をしたがる者がいた。しかし、そのような人間は絶対に育たない。仕事とは面白い会社の仕事をする場合に育つわけではない。むしろ面白くない仕事、面白くない会社と仕事をする方が、チャンスは大きい。

本来、仕事に面白さがあるのではない。面白いやり方と面白くないやり方があるだけだ。不思議と面白い仕事のやり方をしていくと、たいして面白くないと思っていた会社であっても、非常に評価してくれて一生の付き合いになることがある。

⑲

プレゼンテーションにおける「提言」はひとつでいい。

提言がいくつもあると経営者は実行に二の足を踏んでしまうが、「社長、とにかくこのひとつだけをやってください」と言われれば、相手の気持ちは動きやすい。きっぱり断言できないプレゼンは、誰も信頼しない。

しかもその提言の背景に膨大なデータ収集や分析、フィールドインタビューがあり、提示された結論が否定しようのないものであることがわかれば、経営者は行動を取りやすくなる。

これは相手が誰であれ、プレゼンの基本だ。

⑳

プレゼンテーションを聞いた人から質問が3つぐらい出てくるようでなければ、良い企画とは言えないのである。

いくら良い提案であっても、相手に認められなければ実行はできない。プレゼン能力の弱い人は、企画書を最初から最後まで、まるまるプレゼンしてしまう。これではインパクトがゼロである。

では、どうすればいいのか。企画書からエッセンスを取りだし、コンパクトにまとめ（15行程度のサマリー）、「この企画のカギはこれです」とロジカルにわかりやすく説明すればいいのである。

その際のポイントは、最初から企画に対する疑問点が３つ出てくるようにして、その答えを用意しておくことだ。プレゼンは相手を説得し、その気にさせて意思決定をしてもらうためにやるのだから、３つの質問に答えられるようにしておけば、相手を納得させることができるのだ。もし質問が３つ出なかったら、実はその企画が過去の延長線上だったり、当たり前すぎたりして、面白みのないものであることが多い。

㉑

知的怠惰になったら、
重要なビジネスの機会を失ってしまう、
だから、サラリーマンにとって、
知的好奇心はとても大切だ。

今の日本には情報があふれているから、みんな自分の知識で説明できると思い込んでいる。その結果、わかった気になって思考停止状態になり、知的に怠惰になっている。しかし、厳しい競争の中で勝ち残っていかなければならない日本のサラリーマンは、知的怠惰では絶対に生き残っていけない。

たとえば、松下グループ（現パナソニック）の創業者・松下幸之助さん。あるいは、ソニー創業者のひとり・盛田昭夫さん。おふたりは「知的好奇心」が旺盛だった。「知的好奇心」が重要なビジネスの機会をつかんだと言える。

㉒

成績の悪い営業マンほど、売れない理由の説明がうまい。

私はかつて、ある自動車メーカーのディーラーのシェアを回復する仕事を請け負ったことがある。私は全国のディーラーを訪ね歩き、最前線の営業マンに対するインタビューを行なった。

各営業所長に、私から向かって右側に成績の良い営業マン、左側に悪い営業マン、真ん中に平均点の営業マンを座らせるように頼んだ。こうすることで、「売っている人、売ってない人はどこが違うのか?」ということを、３人を比較しながら検討した。

わかったことは、成績の悪い営業マンほど、売れない理由の説明がうまい、ということだった。成績の悪い営業マンは、顧客を相手にする時も、客が商品に対する不満を述べると、待ってましたとばかりに商品の欠点について持論を滔々《とうとう》と述べてしまう。これでは顧客が買う気を起こすはずがない。

㉓

これからのサラリーマンに大切なのは、
〝社内評論家〟になってはいけない、
ということだ。

会社のここがいけない、あいつが悪いと評論している人間は負けなのである。

日本のサラリーマンの悪いところは、夜、社外ではさんざん会社のグチをこぼし、上司の悪口を言うくせに、昼、会社では何も意見を言わないことだ。

むしろ逆に、自分が会社を良くするアイデアを持っているなら具体的な企画書を作り、昼間、会社にいる時に提出して正面から上司と議論すべきである。それが受け入れられなかったら会社を辞め、その企画書に基づいて自分で会社を作ればいいだけの話だ。

㉔

成功する人間としない人間には
唯一、明らかな違いがある。
それは、成功する人は
どんな仕事でも厭《いと》わずやるが、
成功しない人は
仕事を選ぶということだ。

どんな仕事でも前向きに捉え、とことんお客さんのことを考えて取り組む人間は、どんどん仕事が身についていて成長する。

一方、仕事を選り好みする人間は、いつも好きか嫌いかだけで仕事が終わってしまい、経験が蓄積していかない。そうすると、5年、10年たっても成長しないから、人間に深みも凄みも付加価値も出てこない。結果的に「あの人は若い頃は優秀だったのに、今は見る影もないね」と言われる存在になってしまうわけだ。

㉕

自分が「もっと知りたい」と思うことこそ、他人も知りたがっていることである。

私が「勉強会」などの集まりで話をする時、常に心がけていることがある。それは、すでに自分の知っていることや「体験談」を話さない、ということだ。

自分がすでに知っていることだけをテーマに選べば、準備は楽だ。だが、それでは自分の知的好奇心は満たされないし、聞く人を惹《ひ》きつけることもできない。毎年、同じ講義ノートを使っている大学教授の授業が典型だ。

自分が「もっと知りたい」と思うことは、他人も知りたがっている。知りたいと思うからこそ勉強し、新たな発見もある、そしてその成果を話すことで、自分にとっても聞く側にとっても財産となるのだ。

㉖

私が発想を磨く時は、
自分を人の立場に置き換えて考える。
自分がソニーの会長だったらどうするか、
日本の首相だったらどうするか、
と考えてみるのだ。

日本のサラリーマンは、意見だけはたくさんある。しかし、その意見にはロジカル・シンキングによるデータの裏付けや仮説の検証がない上、創造力もないから発想が貧困極まりないのである。

パイロットのフライト・シミュレーターと同じように、「自分が○○だったらどうするか」という思考訓練を繰り返していると、実際に自分がそういう立場になった時に、発想が豊かになって頭がフリーズしないで済むのだ。これは頭の訓練としては、非常に重要かつ効果的な方法である。

27

「先見力」というのは
「勘」や「ひらめき」とは違う。
論理的思考や
プレゼンテーションなどと一緒で、
訓練すれば誰もが身につけられる
ビジネス・スキルのひとつだ。

これからのビジネス社会では、先を見通す力が最も必要とされる。これまで私は仕事柄、社会の動きや人々の考えよりも数歩先を考えてビジネスを展開してきた。

私がこれまで社会を予見できたのは、私が評論家ではなくコンサルタントだからだ。これから先、社会がどう動いていくかを正確に読めなければ、コンサルタントとして第一線で活躍できない。

私の「先見力」というのは、現在起こっている事柄をこまめに調べて、そこから変化の兆しを見つけ、その兆しが今後どのようなトレンドになるかをしつこく考えた結果なのであって、まったく何の材料もなければ、いくら私でも正確な予想をすることは不可能である。

28

企画力のない人間は、
どうにかひねり出した
1つのアイデアにいつまでも固執し、
別の発想をしてみたり、
同じ発想を別のモノやコトに当てはめてみる
柔軟な発想ができない。

ひとつのアイデアがビジネスとして実現し、継続的に利益を生む確率は１００0分の1と言われている。つまり、アイデアを１０００出して、やっと１つだけ成功させることができるというわけだ。

だが企画力のない人間は、やっと思いついたアイデアにいつまでもしがみつくのだ。そうではなく、ボツになることを恐れずに次々と新しいアイデアを発想することが企画力を高める第一歩なのだ。企画力は天性の能力ではない、訓練の賜なのである。

㉙

若い人が肝に銘じてほしいのは、出来上がった絵はない、ということだ。あるいは、他人の描いた絵を模写しても、お金にならないということだ。

成熟した豊かな社会では、付加価値があって満足度の高いサービスや商品なら、お金はいくらでも払われる。こうした「付加価値があって満足度の高いサービスや商品」の創造は、天才でなくてもできる。発想を縦横無尽にめぐらせて、お客さんのニーズが存在するのではないかという仮説を立て、それを実証していくことが必要なのである。

失敗は、絶対にある。真っ白いキャンパスにいきなり絵を描くようなものだから、最初から思い通りの絵を描ける人はめったにいない。薪《まき》にくべてしまわなければいけないような駄作が、必ず出てくる。それでも、他人の描いた絵を模写するのではなく、自分の見えているものを描き込んでいって、それが正しくなかった時は薪にくべてまた新しいものを描く。この作業を繰り返さなければ、大きな成功を手にすることはできないのだ。

㉚

会社の中で自分の席に座って
企画書を書くのはナンセンスだ。
自分の発想の枠を
超えることができないからである。

発想を広げるためには会社の外に出なければならない。だから私は国内外を問わず、できるだけいろいろな場所に行き、いろいろな人に会うようにしている。そもそも新しい構想や発想というのは24時間、根を詰めて考えに考え抜いていなければ出てこないものである。ただし、それでもストレートにアイデアが出てくることはほとんどないので、壁にぶつかったら、いったん別のことをする。場所を移したり、いろいろな人に会ったりするのだ。そして、しばらくしたら、また根を詰めて考える。このプロセスを繰り返さなければならない。

31

交渉を成功させるために
必要なポイントがいくつかある。
まず交渉を始める時に
見抜かなければならないのが
互いの「利害対立の構図」を
正確に把握することだ。

本音と建前の使い分けと言えば日本人の専売特許のように思われているが、こと交渉ごとに関する限り、「利害対立の構図」――「隠れた対立」を見抜く能力が日本人は貧困だ。妥協の余地のない表面の対立に固執してしまうこともある。

ビジネスの世界でも、こうした例は枚挙に暇《いとま》がない。交渉が行き詰まった時、「隠れた対立」の構図がありはしないか、なぜ意見が食い違うのか、を考える冷静さが必要なのである。

32

1冊のビジネス書を読むのに費やすのは1時間が目安だ。

ビジネス書の魅力は、未知の知識やノウハウを吸収したり、仕事に対する自分の姿勢を見つめ直す機会となることだ。しかし、ここで注意したいのは「最初から最後まで読み通そう」などと考えないことだ。ビジネス書はまず目次、まえがき、あとがきに目を通して本のテーマや全体像をイメージした上で、章タイトルや小見出しに注意しながら本文の斜め読みを始めるといい。イメージをつかんでから読み進めていくと、最も重要なポイントが書かれたページにさしかかった途端に自然と手が止まる。役に立つと思った部分は保存し、再び斜め読みに戻る。これがいちばん効率的な読み方である。

1冊のビジネス書を読むのに4時間も5時間もかけて最後まで同じペースで読むと、かえって読みどころがどこだったかわからなくなり、読後感も散漫になる。仕事関連の本は、不真面目に読むぐらいのほうがいいのだ。

㉝

問題解決法は
左脳型思考と右脳型思考を
必要に応じて切り替えながら行なう
思考作業なのである。

問題解決法は、まず事実に基づいて質問し、問題を狭めていく左脳側のロジカル・シンキングからスタートする。

次に、戦略自由度のプロセスで右脳側に開放し、直観や想像力で幅広く答えの可能性を見つけていく。そこから出てきたものを再び事実に基づいて検証・評価し、利害得失はどうか、実行可能かどうか、適任者がいるかどうかを検討して答えの幅を狭めていき、最終的にひとつの案にまとめる。このプロセスでは、また左脳型思考に切り替えなければならない。アコーディオンでいえば、広げた蛇腹を再び縮めるわけである。そうすることで初めて解決策が立案できるのだ。

そしていよいよ、その解決策の実行段階に入る。このプロセスでは、説得や交渉が必要になるので、再び右脳型思考の出番となる。ここまでやって初めて問題解決法の全プロセスが完結し、前例のない問題も解決される。こうした思考作業は身につけるのが難しいと思うかもしれないが、誰でも訓練さえすれば必ずできるようになる。

㉞

自分は答えを持っていないという前提に立って真摯に質問することで、論理力や創造力のビジネス・ウエポンが磨かれていくのである。

ビジネスで武器（ウエポン）となるのは、論理力と創造力である。今を生きるサラリーマンは、このビジネス・ウエポンを持っていなければ、厳しいビジネスの荒波を乗り切っていくことはできないと思う。

ところが偏差値秀才は、本質を理解していなくてもわかった気になってしまう。そこに最大の問題がある。若い頃から「優秀だ」と言われると、おそらく自分で何でも知っていると勘違いしてしまうのだろう。自ら「なぜ？」と質問しなくなり、知的怠惰になってしまうのだ。それでは、ビジネス・ウエポンが磨かれることはない。

㉟

派閥に入れば出世は早いが、落ちるのも早い。

特定の派閥に属したほうが短期的には出世が早いし、活躍の場も与えられるかもしれないが、一生いる会社では絶対にそれをやってはいけない。なぜなら、定年までにボスは必ず４回以上代わるからだ。また、自分が最初に仕えた係長が社長まで上り詰める可能性も、５００分の１ぐらいしかないだろう。

だから、その会社で一生食べさせてもらうと決めたら、できるだけニュートラルな立場を維持していかなければならない。目線を広角にして、社内外を問わずいろいろな人と付き合い、えこひいきや余計な動きをしない中立な人だと誰からも思われることが大事なのだ。実は、それが出世レースでは第４コーナーを回って直線を向いたときに最大の武器になる。

㊱

いつも利用する駅の光景でも何でもいい。
定点観測の対象を持っていると、
それを軸にして
世界を理解することができる。

私は外国企業の視察に行く時は、必ず工場を見学することにしている。私の定点観測の対象のひとつだ。

ホワイトカラーの仕事は、一見しただけでは、どのレベルにあるのか判断しにくい。言葉がわからなければ、なおさらだ。だが、工場だけは世界の共通言語である。設備や製造工程、作業員の仕事ぶりを見れば、世界の最先端と比べてどのレベルにあるか、委託製造できる製品は何かといったことが、一瞬にして理解できる。つまり、工場は私にとって、商機を見つけ、世界を理解するための物差しなのである。

㊲

サラリーマンの〝三種の神器〟は世界のどこに行っても勝負できる英語でのコミュニケーション能力と財務とＩＴだ。

語学に弱い日本人は、狭い日本の社会で暮らしていかなければならない。だが、情報インフラの整備で、会議への参加者の半数以上が国外から、ということも珍しくない。英語でのコミュニケーション能力を有していなければ、舞台に上がれないということだ。

ＩＴに関しても、単に技術・スキルとしてのＩＴではなく、ＩＴのもたらす世界がどのようなものになるかを見極めていかなくてはならない。

㊳

議論に参加する際に重要なのは、
「ここで議論されていることは、
さほど重要な問題ではない。
だから臆さずに、
自分の意見はどんどん言おう」
と開き直ることだ。

サラリーマンのもとには、日々、会議の予定が押し寄せる。その中に、会社の命運に関わる重要な案件がどれだけ含まれているのか？　部門や人員を半分に削減するといったことを除けば、どれもたいしたことのないテーマばかりではないか。だから臆する必要はない。

結論が少しでも早く出るよう、前向きな意見を述べていったほうがよいのだ。結論を即座に出し、すぐに実行に移せば、うまくいかなかった場合も計画を修正・中止する余裕は十分にあり、致命的な損失になることはない。

39

野球の中継ぎやリリーフエースは、ブルペンで投球練習をし、いつ「登板せよ」と声がかかってもいいように準備している。サラリーマンもブルペンで常に投球練習をしておく必要がある。ベンチや観客席に座って評論家を気取っている場合ではない。

「豊臣秀吉が織田信長に仕えた時、常に信長の草履を懐中で温めていた」という有名な故事がある。秀吉の忠勤ぶりを象徴するエピソードとして語られることが多いが、私は、そこに別の意味を読み取っている。

信長は温かい草履が欲しいと言わないかもしれない。でも温めておけば、いつでも求めに応じることができる。つまり、自分の出番がいつ回ってきてもいいように、日頃から準備を怠らない人間こそ、いざという時にチャンスをものにできる、という教訓だ。

これからの企業社会は、突然、人事慣習を無視して大幅な若返り策が実施されることが大いにあり得る。抜擢《ばってき》されてから準備不足で慌てふためくような無様なことは避けなければならない。

㊵

人は30歳までに3回以上失敗すべきだ。

私の経験では、失敗したことのない人間や組織は、思い込みがあって非常に怖い。失敗からしか学べないことがあるからだ。失敗しなければならないなら、失敗しても恥ずかしくなくて、やり直しがきく若いうちに失敗したほうがいい。

ところが最近は、失敗しないように教育されている。コロンブスがアメリカ大陸を発見した１４９２年を１４００年代と書いたら×、１４００年代終わりと書いても×になる。そういうふうに、わずかでも失敗したら×をつけられるという恐怖感を「パブロフの犬」みたいに植えつけられる教育を施されている。ひとつの答えを間違わないで出すことだけを求められて育っているから、失敗を恐れてしまうのだ。

41

いちばんいけないのが、「他人の人生」を生きることである。

親の期待する人生、先生の言った通りの人生、上司の期待する理想の部下などなど、こうした「他人の人生」は、それで楽しければ今はいいかもしれないが、問題がある。それは、いつか自分の人生でないということがわかる「真実の瞬間（The Moment of Truth）」が必ず訪れるからである。自分が、他人の期待する人生の目標に向かって生きてきたことに気づいてしまうのだ。

では、他人の期待する人生ではない、自分自身のための人生とは何だろうか。

私の場合は、昔から自分のための人生を歩むようにしている。

42

地道に努力して手に入れたスキルは、
必ずあとで人生に、
大きな実《みの》りを与えてくれるのである。

下地を作るということに、とくに若いうちは意識して取り組むべきだと思う。何も仕事のことだけを言っているのではない。バイクや空手のような趣味もそうだし、文学や音楽といった教養の下地も大切だ。

下地を作っている最中は、楽しむどころではない。だが下地ができれば、あとになってその分だけ仕事も人生も楽しめる。

そして、そのスキルを手にするためのハードルが高ければ高いほど、手にする果実は大きい。コンピューターゲームのように、半日も練習すればできるようになる程度のスキルは、芥子粒《けしつぶ》ほどの満足しか得られないのである。

第2章

最強のリーダーになるための24か条

43

最も重要なリーダーの役目は、
まず「方向」を決めること、
次が「程度（スピード）」を決めることだ。

なぜリーダーの役目は「方向」を決めることなのか。

それは、今の世の中は誰も進むべき方向がわからないジャングルであり、少しでも方向を間違えると地獄が待っているからだ。

ところが日本企業では、方向がないのに程度だけを言う経営者が多い。売り上げを1・5倍に増やせとか、経費を2割削れとか、数字だけを目標に掲げる。そういう経営者はリーダーとして失格だ。

これから日本企業が生き延びていくためには、経営者は進むべき方向と程度（スピード）を正確に見極めなければならない。

㊹

参謀は3年先を読み、3年後の成功をみなに約束する力を持たなければいけない。

10年先、15年先の未来は、どんなに優秀な頭脳を集めてみても予想することは難しい。たとえ正確に予想できたとしても、企業を取り巻く環境が当初の仮定から大きくずれていくものだ。いくら精緻な予想をしたところで、しょせんは人間の「カン」と、そう変わらない確度しか持たないのだ。

また、明日、明後日の短期的なことは、トップが口を挟むことなく、現場の指揮官に判断を任せるべきだ。ところがトップの中には、日常業務のことまで細々と口を出してしまう人がいる。

このような状況を考えると、参謀としての頭脳グループが最も有効に力を発揮すべきは、３年を中心とした前後１、２年の中期戦略だ。この期間こそ、戦略の良し悪しによって業績が大きく左右される期間だからである。

45

「最前線のリーダー」と「組織を動かすリーダー」では、必要な資質がまったく違う。

最前線のリーダーは、「率先垂範」でないといけない。まずは自分が行動して成果を上げることで部下を鼓舞し、個々の実力をフルに引き出していくのである。部下と喜怒哀楽を共にする、体育会系のプレイングマネージャースタイルだ。

数十人、数百人の複数部門を束ねる組織を動かすリーダーに、そのやり方は通用しない。いちいち自分がお客さんのところに足を運んだり、部下をひとりひとり個別的に指導したりするのは物理的に不可能、というレベルの問題ではなく、果たすべき役割そのものが異なるのだ。大組織を動かす時は、システムを通じてやるしかないのである。

㊻

プロジェクトは、
対極的な発想をする人たちが
仲良くやっていった時に
最も成功するものだ。

プロジェクトチームを作る際、最悪なのは上が人間と役割分担を全部決めてしまうケースで、これは必ず不協和音が出てきてプロジェクトは失敗する。また、大学の同好会のノリで仲の良い人間同士でチームを組むというやり方もあるが、こちらはなあなあになってしまい、やはりうまくいかない。自分が好きな奴や自分の言うことを聞く奴ばかり集めたり、余っている人間や同じタイプの人間だけでチームを作ってもいけない。

チームは対極的な人の組み合わせにすべきだ。論理的思考力の強い人とエモーショナル型の人、発想型の人と数字の分析に強い人、というように、まったく違うタイプの人間を組み合わせることがいちばん大切なのである。

㊼

難しいことを人に頼む時ほど、
相手に選択権や考える余裕を
与えることが大事なのだ。

孫子の兵法に「囲む師は必ず闕《か》く」というくだりがある。敵を追い込む時、必ず敵に逃げ道を用意しておく戦法である。そうすれば、皆殺しにされなかった敵は感謝し、二度と攻めてくることはない。人に対しても、この戦法は有効だ。

仮に今いる部署に不満があったとしても、そう受け取られない言い方を工夫するのだ。たとえば「今の仕事が嫌なのではありません。ただ自分はこういうことに関心があり、それを担当する部署で仕事がしたいのです。しかし、ここで私が必要とされているならば、全力を尽くします」という言い方だ。相手に選択権や考える余裕――逃げ道を用意するのだ。

㊽

100を定義できない上司は役に立たない。

会社というのは、チームワークで仕事をするための組織である。チーム全員を足して１００の仕事ができればいいのである。重要なのは、その１００を上司が定義することだ。それが定義できなければ上司の役割は果たせないし、プロフェッショナルとも言えない。

１００が定義できれば、チームとしてそれを達成するためにどういう役割分担をしていくかという話になってくる。３人で仕事をする場合なら、上司は定義した１００のうち自分が70やれると思えば、あとの２人の部下には残りの30を任せればいいわけだ。

㊾

想定している成果を
100とすると、
100マイナスその部下の仕事が
自分の仕事。

想定している成果を１００とした場合、上司である以上、１００の成果を出す必要がある。その一方では、上司として部下の力を伸ばす責任もあるので、とりあえず私は部下に仕事を任せる。最初から自分で全部やってしまえば、部下には伸びるチャンスがなくなってしまうからだ。１００のうち部下が97やってくれれば、私は３しかやらなくて済む。逆に、部下が３しかできない場合は、私はあとの97をやらなければいけなくなるわけだ。

部下の使い方のコツは、部下が３しかやらなかった場合に、自分が残り97をやる準備をしておくということだ。自分が97をやる覚悟をしていて、部下を指導すれば、短期間で有効な指導ができる。

50

良い会社の経営者は「我が社の問題はこれだ」と一つのことしか言わない。

そして、一つのことを、4～5年かけて徹底的に実行させる。好例が、トヨタ〝中興の祖〟と呼ばれた豊田英二・元トヨタ自動車最高顧問だ。英二氏は「乾いたタオルでも知恵を出せば水は出る」と、無駄をなくすことだけを言い続け、トヨタの代名詞となった生産革命「カンバン方式」を確立した。

一方、ダメな会社の経営者は、改善策を10～20も並べ立て、それらを全部やらせようと檄《げき》を飛ばす。しかし、社員は次々に出される指示に追いつけなくなり、結局は何も実現しない。

51

戦略を立案する参謀には、一般論はいらない。戦場はどのような理論や手法で記述できても、そこから導き出された解と、それに続く行動に誤謬《ごびゅう》があれば、何の役にも立たない。

戦略家は頭脳の明晰《めいせき》さではなく、結果のみを問われる。将軍（トップ）であれば、臨機応変にアドリブできるのだろうが、参謀は将軍のアドリブがなるべく少なくて済むように考え抜いてあげなくてはならない。将軍と、その兵の力量と判断力を評価できなくてはならない。

戦略立案の基本となるものは、次の４つである。

①戦略的に意味のある計画は、ひとたび目的地に達した場合、守り抜くものでなくてはならない。

②いかなる勇者といえども、市場の構造変化を予知し、対処するために、己の強さと弱さを常に知り抜いていなければならない。

③真の戦略家は、リスクを避けるのではなく、あえてリスクをとる局面がなくてはならない。

④最後に戦略に魂を吹き込むのは人であり、マネージメントのスタイルである。

㊿52

どんな事柄も、それを知っている人間と、
知らない人間がいる。
この「知識格差」にこそ、
ビジネスチャンスがあるのだ。

知識格差を利用した成功例として代表的なのは、ユニクロだろう。国内の生産コストは、どのアパレルメーカーも知っている。中国の生産コストが安いことも、漠然とは知っているだろう。しかし、具体的なコストを調べ、中国で生産する場合、どうすれば顧客のニーズに応じた素早い製造や、円滑な流通を実現できるかをシミュレーションできる人はそういない。

他人より深い知識を身につけて、ビジネスに結び付けたことが、ユニクロの優れた着眼点だった。

㊿㉝

参謀たる者は「イフ」という言葉に対する本能的な恐れを捨てなさい。

日本人には、「What's if～?（～したらどうなるだろう?）」という思考法が抜けている。しかし、真に自由な戦略的思考をする参謀ならば、自ら選択することができる代替案が何であるかを常に理解し、それらの間の損得勘定を怠ってはいけない。だが、絶えず変化する状況に応じて柔軟に対応するためには、「What's if～?」を考えずに代替案を探ることはまず不可能だろう。

だからこそ参謀たるものは「What's if～?」を恐れてはならない。そして、「What's if～?」に思いをめぐらすことを怠ることは、東日本大震災による福島第一原発事故のように、大きな悲劇や損失を生み出す原因になることを忘れてはならない。

㊿54

ノウハウで生きていこうとすると人は怠惰になる。

ビジネスに必要な分析法や思考法は数々紹介されている。だが、それらツールがあるからといって安心していてはダメだ。何億円もするバイオリンも一つのツールだが、名人が弾くのとそうでない人が弾くのでは、響く音色が違うということを忘れてはならない。ツールに習熟するのはいい。しかし「ツールの使い方を知っている」だけでは怠惰になる。

何とか総研などの分析屋さんたちは、ツールから導き出したアウトプットをクライアントに見せて、「へぇー！」と驚かせるが、じゃあ、会社はどうすればいいのかと問われても答えられない。ツールはツールにすぎないと割り切ることが重要だ。

㊺55

経営者が、
よく陥ってしまう落とし穴がある。
それは商品の「価格」と「価値」を
混同することだ。

価値を変えずに価格を下げても、商品は売れない（ただし、毎日のように買う購買頻度の高い商品は除く）。逆に言うと、価値を変えれば、価格を下げなくても商品は売れる。不況で消費者の購買意欲がなくなっている時でも、それは同じだ。「安ければよい」という姿勢は、結局、〝顧客の顔を見ない商売〟に繋がる。「安価」ゆえに「安易」な商品を生む弊害を抱えているのだ。

お客さんに商品の「価値」を認めてもらえば、値引きする必要はない。少しぐらい価格が高くても自分の好みにぴったり合ったものが欲しい、といった消費者の「心理」を満たす価値提案ができれば、必ず売れるはずである。

56

心に余裕のある時は正しい判断を下せる。
しかし、深刻な事態に陥ると、
信じられないほど判断を誤り、
取り返しのつかない
損失を生じさせてしまう。

会議で結論を先延ばしすることで生じる弊害を、私は「高速道路の鹿」と呼んでいる。鹿は跳躍力に優れ、一般道に迷い込み制限速度内で走行中の車と遭遇しても、余裕を持って回避できる。ところが、高速道路に足を踏み込んでしまい、猛スピードで迫ってくる車を見ると、自ら車に向かって飛び込んでしまう。これは実際にアメリカで何度も目撃した光景である。

鹿も人間も、心に余裕のある時は正しい判断を下せるのだ。

57

「マイクロ・マネージャー」型の上司が会社で最も嫌われる。

部下の行動を箸の上げ下げまで細かくチェックして、いちいち文句をつける上司である。部下には意思決定をいっさい任せず、報告書や領収書の瑕疵《かし》といった些細《ささい》な点まで重箱の隅をつつくように管理・干渉することを、否定的な意味を込めて「マイクロ・マネージャー」というのである。

58

私は経営について一から勉強することにした。
そういう時の私のやり方は、
わからないことを書き出して、
どうすればわかるようになるか
アプローチを考え、
しゃにむにそれを勉強するという、
いたってシンプルなものだ。

私は30歳目前で、日立製作所のエンジニアから、経営コンサルティング会社のマッキンゼー・アンド・カンパニーに転職した。経営のケの字も、経営コンサルタントという仕事もわからなかった。

若輩者の自分がどうやってコンサルティングすればいいのか、見当もつかない。しかし、転職してすぐにクビになるのはシャクである。だから、しゃにむに勉強した。昼間は翻訳の仕事や海外からの日本市場に関する問い合わせに対する回答を調べて送る仕事をこなし、就業時間が終わってから夜遅くまでマイクロフィッシュ（マッキンゼーの過去の膨大な仕事を記録したマイクロフィルム）を読んだ。

その結果、私はマッキンゼーという会社の概要と業務内容を理解した。さらにマッキンゼー流の問題解決パターンや、先進的な経営の実例を、実際の仕事もしないうちに学ぶことができた。

59

カリスマ的リーダーとは、言葉は悪いが、常にペテン師的要素を持ち合わせている。

冷戦時代、アメリカでもソ連でもない、自由主義でもない、共産主義でもない国があった。その代表的なものは、エジプト、旧ユーゴスラビア、インド、インドネシアの４か国である。

これらの国が、それぞれの国をまとめてこられたのは、イソップ物語に登場するコウモリのごとき優れたリーダーがいたからこそ、である。旧ユーゴの場合、それはチトーであり、エジプトはナセル、インドはガンジーとネルー、そしてインドネシアはスカルノであった。それらカリスマ的＝ペテン師的リーダーが、国が分裂しているとアメリカまたはソ連に呑み込まれてしまうぞと危機感を煽り、国民を結束させてきたのである。

60

影響力を持つ人間はみな、経験に裏打ちされた〝自分なりの型〟を持っている。

影響力の範囲が広ければ広いほど、その人の価値は高いと言える。いくら大企業に勤め、部長や課長という肩書を持っていたとしても、自分の言うことをきちんと聞いてくれる人間が部下しかいなければ、その人の影響力はせいぜい部や課の中だけということになる。

この影響力というのは言葉を換えれば、カネを稼げる範囲のことでもある。会社の中でしか影響力を発揮できない人は、その会社でしかカネが稼げない。それだけの価値しかないということだ。逆に、その発言や業績が海の向こうでも注目されているようなら、その人は世界中どこへ行っても食べていける。

61

大企業の社長と話をすると、
優秀な人間を採用しておきながら
「我が社には人材がいない」と嘆く人が多い。
しかし、それは根本的に認識が間違っている。
優秀な人間が、その会社にいるうちに
愚鈍になってしまっただけのことである。

いくら学生時代に成績が優秀だった人間でも、若くして活躍させてくれる会社に勤めないと、宝の持ち腐れになってしまう。

昔と今では、〝成功のカギ〟が一変している。かつての成長期の日本では「経験」が重要だった。５万ドルのプラントを造ったら、次は50万ドルのプラントを造るという具合に、より大きく、より早く、と「規模の経済（ＥＯＳ＝economies of scale）」を追求していった。そこでは経験が生きた。だから若いうちは我慢して経験を積んでいけば、将来、その経験を生かして大きな仕事ができた。

しかし、そういう時代は終わった。成熟・低成長期の今は「発想力」「創造力」「構想力」によって、昔と違うこと、すなわち〝レールから外れたこと〟をやるのが企業戦略の要諦《ようてい》になっている。その場合、経験は生きないどころか邪魔になる。

62

戦略プランニングにおいて競合他社の存在を考慮するのは当たり前だが、必ずしも最優先事項ではない。まず考えるべきは「顧客ニーズ」である。

ライバルに勝つことだけに血眼《ちまなこ》になると、戦略は相手の出方次第でくるくる変わることになる。考えるべきは、「ライバルに勝つ」ことではなく、「顧客ニーズ」である。労を惜しまず顧客ニーズに応えているか、製品やビジネスプロセスはどれくらいの水準にあるか、製品企画、製造、販売といった活動はどれくらい顧客ニーズを満たすものか、ということについて点検する必要がある。すなわち戦略は、「顧客第一主義」に基づいて立案されなければならないのである。

63

会社というものは「顧客に奉仕すること」以外の目的を持ってはいけない。

「顧客に奉仕すること」――マッキンゼー流に言い換えれば、「クライアント・インタレスト・ファースト」となるのだが、たとえば、成長しよう、大きくなろう、売上高いくら、出店目標何店……といった自己中心的な別の目的を優先するようになったら、事業は失敗する。

顧客に奉仕することとは、安易な値引きではない。その前に、「本当に顧客が値引きを要求しているのかどうか」を問い直す必要がある。言い換えれば、「自分たちの顧客とは誰なのか？」「彼らは何を求めているのか？」という原点に立ち返るべきなのだ。

64

私はいつも、
カスタマー(顧客)と
コンペティター(競争相手)と
カンパニー(自分の会社)の
「3つのC」で考えろ、
と口を酸っぱくして言っていた。

優れた事業戦略には、必ず次のような3つの特徴がある。
①市場が明確に定義されている。
②企業の得意分野と市場のニーズが一致している。
③カギとなる成功要素において、競合に比べ優れた実績を発揮している。
すなわち戦略とは、自社（company）の相対的な強みを、顧客（customer）のニーズを満たしうるように用いて、競争相手（competitor）よりも優位な差別化を達成しようとするための、努力の結晶である。

65

先輩社員が新入社員を教育する
ということは、
新入社員をその企業の秩序、言い換えれば
従来の鋳型《いがた》にはめ込む教育をしている
ということだ。

会社を変えたいならば、まず新入社員教育のやり方を変えなければならない。先輩社員が新入社員を教育して、変わるわけがない。変わりたいと言いながら、変わらない教育をしているのだ。このやり方では、せっかく新鮮な感覚を持って入ってきた新入社員が、古い社員と同じ感覚を持つようになってしまう。しかも、その教育内容は、我が社の歴史なんてものを教えている。我が社が変わりたいのなら、我が社の歴史を教えてはいけない。

だが会社は、秩序を崩すことには必ず二の足を踏む。しかし、私に言わせたら、従来の秩序を壊さなければやり方は変わらない。やり方が変わらなければ会社は変わらない。

66

錯覚だろうが、
絵に描いた餅だろうが、
この経営者ならお金を増やしてくれると
思わせたら勝ち。
世界中から
ホームレス・マネーが寄ってくる。

マクロ経済政策は、経済のマルチプル（倍数）化によって機能しなくなっている。マルチプル経済で勝負して名を馳せるファンドマネージャーは、言ってみれば〝射撃の名手〟のようなものである。難しい的を一発で射止められれば注目され、活躍が続くとやがて評判が立ち、〝射撃の名手〟の下には投資資金が続々と集まるようになる。通常の金利では満足しないホームレス・マネーは、そういうガンマンが大好きなのだ。

これからはマルチプル経済を理解し、積極的に自社のマルチプルを高めるような経営者でなければ生き残っていけないだろう。説得力のある成長ストーリーを描き、それをきちんと市場にアナウンスすることができれば、お金は集まってくる。逆に、いくら健全経営をしていても、成長する見込みのないつまらない会社だと見られていたら株価は上がらない。

第3章

人生を強く生きるための22か条

67

40歳になってからキャリア・プランを
立てるのでは遅いのではないか、
と心配する人もいるかもしれない。
だが、少しも遅くない。
大学を卒業して就職したとしたら、
40歳は中間折り返し地点に過ぎない。

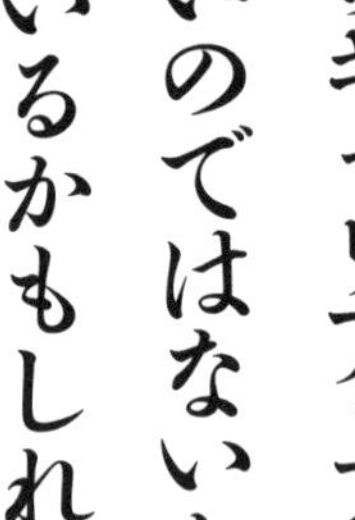

リストラされるから不幸せ、リストラされないから幸せ、ということはない。もし、あなたがリストラを免れて今の会社に残ったとしよう。残ったあなたの仕事量は殺人的に増えるだろう。そこまで苦労した挙げ句、会社は突然、あなたを邪魔者扱いすることだってあり得る。倒産でもしてしまえば、退職金など期待できない。つまり、会社に残ることが「勝ち組」とは限らないのだ。勤務先が倒産の危機に瀕していたり、リストラが始まったりした時は、それを好機と捉える発想の転換が必要である。

転職を検討する際に重要なことは、キャリア・プランを持つことだ。5年後、10年後、15年後、自分はどんな仕事でカネを稼ぎ、どのような存在になっていたいか、という人生設計だ。キャリア・プランは40歳になってから立てても遅くない。プランは途中で変わってもかまわない。だが、常に5年刻みで、自分の将来について明確な目標を持つべきである。

68

本来、人生にはあらかじめ決められた
キャリア・プランなど存在しない。
それは自分で作るものなのだ。

日本の場合、最終学歴を終えると大半の人がすぐに就職し、何歳頃までに管理職になり、定年までに勤め上げる……といった、まるで他人が決めたような人生を歩いている。

これは決して世界の常識ではない。たとえば、ドイツなどでは「寄り道」が当たり前である。大学を休学して１〜２年世界を旅行し、大学に戻る。そして、卒業してからまた旅行を続け、その経験を踏まえて就職する人も多い。

キャリア・プランが明確であれば、やりたいことをやっても時間が余るし、「寄り道」がマイナスになることもない。逆に「寄り道」をしたほうが、グローバル・ジャングルを肌で感じられる。

69

私の結論はただひとつ。

「そのうちに……」

ということは人生では禁句なのだ。

もし「そのうちに」やりたいことがあれば、今、そう今の今やりなさい、というのが私のアドバイスだ。やりたいと思った時が旬であり、先延ばしする理由はないのだ。今楽しいと思っていることが年を取ってからも楽しいとは限らない。楽しいと思うことを今からやっていれば、老後にも楽しむ方法が自然と身について、老後も遊びのプロとして楽しみながら暮らしていける。それが私の結論であり、生き方でもある。

70

人間というのは
我慢している間に頭が、
〝フリーズ〟してダメになる。

多くの若者は、「大手・安定志向」だ。就職人気ランキング上位の企業を目指す。だが、そうした大企業の場合、若いうちに活躍できる余地はほとんどゼロである。60歳近くにならないと自由なことをやらせてくれない。それまでは「忍」の一字、ひたすら我慢である。だが、我慢している間に頭はフリーズし、ダメになる。ランキング上位の大企業に就職するということは、その会社の鋳型に入って石膏のように固まるということなのだ。

世の中というものは、レールから外れないと平均給与しか稼げない。レールから外れると、失敗して路頭に迷うリスクもあるが、早くから活躍できるし、大金持ちになる可能性も生まれる。フリーズする人生とリスクのある人生、どちらの人生が面白いのか、有意義なのか、やりがいがあるのか、ということをよく考えるべきだと思う。

㊆71

35〜50歳前後のサラリーマンが
仕事上の閉塞感から陥る無気力状態を、
「魔の15年」と呼んでいる。

一般的なサラリーマンは、入社10年、35歳前後にはひと通り仕事を覚えてしまう。ところが、年功序列型の組織では、大きな権限を持てるのは50歳を過ぎてからだ。結果、35〜50歳までの15年間は、社内や業界で名を知られるための「営業」、つまり利益を生まない内向きの仕事に費やされる。社内の人間関係に巻き込まれていくうちに、目標や向上心は次第に失われてしまうのだ。私は、こうしたサラリーマンの無気力状態を「魔の15年」と呼んでいる。

だが最近は「魔の15年」の時代は終わり、「魔の25年」という、いっそう過酷な時代が到来している。いや、このままではさらに上下5年ずつ伸びて「魔の35年」になってしまうだろう。

72

人間が変わる方法は3つしかない。
1番目は時間配分を変える、
2番目は住む場所を変える、
3番目は付き合う人を変える、
この3つの要素でしか人間は変わらない。

今、会社で定年まで働いても、仕事で完全燃焼して成仏できるケースは少ない。かといって何もせずに待っていても国も会社も良くならない。自分で何も決めてこなかった人間、上から指示された通り無難に仕事をこなしてきた人間も、変わらなければ生きていけない時代になった。

では、どうやって変えるか。最も無意味なのは「決意を新たにする」ことだ。かつて決意して何か変わっただろうか？　行動を具体的に変えない限り、決意だけでは何も変わらない。時間、場所、友人――この３つの要素でしか人間は変わらないのだ。

73

社会や企業環境が激変すると、
今までとは違う処世術や人生観の類《たぐ》いを
求めがちだが、本当に必要なのは
むしろどんな状況でも変わることのない
生きる姿勢だ。
哲学書や自然科学書は、この根本の部分を
考えさせる刺激に満ちている。

サラリーマンにぜひともすすめたい読書は、哲学書と自然科学書だ。とくに古典は、比較的平易な言葉で論理的思考と科学的態度の重要性を説いていて、専門外の読者にとっても楽しめる。

たとえば、プラトンの描くソクラテス（『ソクラテスの弁明』など）は相手と対話し、質問を重ねることによって徐々に真実に迫っていく。また、種々の自然科学書が教えてくれるのは、ある主張は実験によって検証されない限り仮説に過ぎず、真実とは言えない、ということだ。

こうした論理的思考と科学的態度は、私が問題解決能力というビジネス能力を提唱する上で礎《いしずえ》になった考え方だ。実際、欧米のビジネスマンは学生時代に哲学と自然科学の古典に親しみ、それが彼らの生き方の姿勢や教養の基礎になっている。古典は「生きる基礎体力」を身につけるにはうってつけなのである。

74

人生なんて、自分がわからないと思えば、
他人だってわからないのだ。だったら、
早めにわからないと思ったほうが勝ちだ。

これまで目指していたことが間違いだと悟った時、私はすでに、20代のいちばんいい時期を9年も使ってしまっていた。しかし、私はそこでオールクリアしてマッキンゼーの門を叩いた。まったく経験のない経営の世界の門であった。が、「案ずるより産むが易し」で、入ってみればたいしたことはなく、日本でトップマネージメントのコンサルティングなど、誰もどうしていいかわからないで思案投げ首の状態だった。

つまり、みな手探りなのだ。だったら早めに考え始め、研究を開始したほうが勝ちなのだ。そうしていくうちに人生、人にも語れることが増えてくる。

75

人生はスキーと同じで、転びそうになったら転んでしまったほうがいい。

我慢して転ばないように転ばないように滑っていると、いつまでたってもへっぴり腰でしか滑ることができない。つまり、失敗を恐れて思い切ったことにチャレンジする勇気が持てないのだ。

そういう人間が今の教育制度ではエリートと呼ばれているわけで、成功するためには失敗しなければいけないこれからの時代は、エリートほど成功の可能性が小さくなる。本当に実力のある人間とは、失敗しても「必ず次は成功する」と開き直ることのできる人間なのである。

76

悩めば解決する問題については、
一生懸命に考えてなるべく早く解決する。
悩んでも解決しないことについては悩まない。
この二つを実践すると、
人生はかなり生きやすくなる。

たとえば、すごく嫌な上司がいる。あなたのことをよく思っていないようだ。こんな時、「何がいけないんだろう」と思い悩んでも、「あの野郎、気にくわない」と悪態をついても、その人の態度が変わるわけではない。

解決方法としては、相手と話し合いをする、というのがある。これができれば何よりだが、上司が相手だと難しいかもしれない。相手が聞く耳を持たないことも考えられる。もう、お手上げである。そんな時、私は「相手は俺より年上なのだから、順番からいえば俺より先に死ぬ」と思うことにしている。そうしているうちに、くだらない上司なんかのことで自分の大切な時間を費やすのがバカバカしくなり、いつの間にかどうでもいいことになるのだ。

77

サラリーマンでも
「路頭に迷ったらどうするの」ということは
年中考えておくことをおすすめする。
そして、そのためのファーストステップが、
サラリーマン生活の「棚卸し」である。

今の時代、会社が潰れる不安は常にある。大手の商社にいても銀行にいても証券会社にいても、会社ごとなくなってしまうことだってあるのだ。退職後の人生を能天気に考えていたら、そういう憂き目に遭ってしまった時に頼りになるのが「棚卸し」だ。これをしてあれば、自分に合った転職先を探すなり、慌てず次の行動に移すことができる。

サラリーマンの場合、棚卸しを50歳前後までにしておくことが非常に大切なのである。棚卸しによって、自分に何ができるかを把握しているということが、もしもの時、必ず役に立つ。

いずれにせよ、何があっても食っていけるぞ、というものを探しておいて損はないだろう。

⑦⑧

私の生き方のもうひとつの特徴は、
「もったいない」と思わず
オールクリアボタンを押してきたことだ。
「もったいない」と思った途端に
人生は負けである。

このままいけばそこその地位や収入は得られるだろうと考えて守りに入ってしまえば、上昇志向はなくなる。

私が勤めていた日立製作所は、私を引き留める時に「せっかくＭＩＴ（マサチューセッツ工科大学）でドクターまで取って原子炉エンジニアになったのに、ここで辞めるのはもったいない」という言い方をした。しかし、私は「まだ28歳だから、もったいないということはあり得ない。原子力を勉強した９年間が無駄になっても、絶対にやり直せる」と思っていた。

ただし、やり直す時には思い切りが必要だ。「いざとなったら引き返せばいいや」という甘えがあっては、ダメ。退路を断って、これしか自分の生きる道はない、と思い込まなければいけない。その決意を持ってアフターファイブも週末も自己投資に励めば、世の中で実現できないことはほとんどないと思う。

⑲

自分の生き方として
何を基準にしているかと言うと、
死ぬ時に「これで良かったのだ」と
言うための生き方を工夫しているのだ。

今やりたいと思ったことをやる。これが私の基準だ。

そうなると、やってみたために寄り道をしたり、果ては失敗したりすることもある。回り道で損することもあるかもしれない。しかし、それでもまだ最後に時間は余るし、仮に余らなかったとしても悔いは残らないだろう。

こうした生き方が、どれだけ人生を単純化してくれているか、毎日悩みもしないでいかに安らかに眠れているか、計り知れない。

⑧⓪

日本人は住宅を買う意思決定が早すぎる。
「男子一生の仕事」とはよく言ったもので、
30代前半で家を持ち、
大きな借金を背負い込んで、
一生払い続ける人が多い。
だが、そんな国は世界で日本だけである。

アメリカやヨーロッパやオーストラリアでは、30～40代では賃貸住宅、買うとしても安い中古住宅だ。それをいくつも住み替え、さまざまな家を体験した上で、引退間際になって初めて自分で設計した理想的な「ドリーム・ハウス」を建てる。

同じように日本のサラリーマンも、平日の家はあくまで「仮の住まい」と割り切って、都心で安く借りる。その代わり、首都圏の郊外に「ウィークエンド・ハウス」を持つのである。

81

死ぬ時までに貯蓄を全部食いつぶして
ゼロにしよう、と思った途端に
目の前に広がる世界はゴージャスである。

老後に漠然とした不安を抱き、「何とかしなければならない」と思いながら何もしないでいる。こういう毎日から抜け出したかったら、今すぐ紙と電卓を用意して、自分の人生のバランスシートを作ってみるといい。

平均寿命の80～85歳まで生きるとして、最後の数年は出不精になるだろうから、アクティブに動き回れる年齢を75歳までと想定し、65歳から75歳までの10年間で貯蓄を使い切る計画を立ててみよう。65歳の時点での貯蓄額は２０００万円から２５００万円。これに、65歳から75歳までの10年間に従来なら年金から貯蓄に回してきた分を合わせると、少なく見積もっても10年間で約３０００万円。今までより毎年３００万円ずつ多く使わないと、ゼロにならないという計算になる。つまり、かなり派手に使っても余ってしまうのだ。「蓄える」と思わなければ、老後はゴージャスに暮らせるのである。

⑧②

オフなのに計画を立て、
その通りに実践するなんて息苦しい、
オフぐらいはいい加減に過ごしたい
という人がいるかもしれないが、
間違いだと思う。

オフが充実していることは、オン、つまり仕事をエネルギッシュにしていくためにもとても大切なことだ。

しかし、多くのサラリーマンは無計画に週末のオフを迎えている。だからこそ、誘われるままに接待ゴルフに行く羽目に陥ったり、妻の買い物に付き合わされたりしてしまう。そして、いざオフの当日になって何も予定がないと、ゴロ寝やパチンコで時間を潰し、気がついたら日が暮れていた、という最悪の事態になってしまうのだ。

仮にオンの人生で目標通りにいかなくても、家族や友人と楽しい時間を過ごすことができていれば、最後に「いい人生だった」と言える。

83

私がアフター5の過ごし方として
ぜひとも注目してほしいと思うのは、
「家庭の定期点検」、
すなわち家族が抱えている問題について
定期的に語り合う時間だ。

私は、マッキンゼー・アンド・カンパニー時代、どんなに忙しくても必ず毎週木曜日の夜を家族の定期点検にあてていた。他の予定を入れず、近所のレストランで食事をしながら妻と話し合う時間を持つようにしていたのである。

定期点検で語り合うテーマは主に二つ考えられる。

ひとつは、子育ての方針など家庭内のことだ。夫婦の考え方の違いを放置したまま子供に接している限り、夫の考えも妻の考えも中途半端な形でしか伝わらない。もうひとつは、妻が家族以外に関して抱えている悩みだ。近所付き合いや友人関係、両親の老後……。妻の悩みを抱えたままで暗い顔をしていれば、それは同じ屋根の下に暮らす夫や子供に跳ね返ってくる。

仕事にかまけて家族とベーシックなコミュニケーションさえ欠いているようでは、円満な家庭など望むべくもない。

㊽

自分の時と同じように
「いい学校からいい会社」という
レールを敷こうとする。
昔の〝成功の法則〟で
子供の将来を期待するのは
罪作りでもある。

いい学校を出て、いい会社に入れば幸せになる……というのは30年以上前の発想であり、今や幻想にすぎない。周りを見渡しても、現在の40代、50代のビジネスマンで「自分は幸せだ」と言い切れる人はほとんどいないだろう。一生懸命働いてきたのに、新しい技術になかなか適応できず、気がついたらリストラの影に怯《おび》え、疲れ切っている。

自分が現在のそうした姿を20年前に想像できなかったのに、子供の将来の幸せがわかるわけがない。実際、若手の起業家の多くは、学校時代に大きな挫折を経験している。いい学校をそこそこの成績で卒業した人は、まったくと言っていいほどいない。

⑧⑤

親が反対しても子供はやる。
むしろそれを前提に
親子の対話を活発にしたほうが、
親のためにも、
子供のためにもなるのではないか、
と私は思っている。

もし、息子たちがたまたま悪の道にはまってしまったとしても、それをやめろなどという教育を私はしない。暴走族であれ、何であれ「やりたいことがあったらやってごらん」と言う。全部やらせてみる。親が「行くな、行くな」と止めるから、子供は行くのだ。

たとえば「女の子とはまだ付き合うな。お前はまだ学生だから」と厳しく止めていたら、最初に出会った女性で大きな過ちを犯すことになりかねない。だから禁止はもってのほかだ。怪我しないように、怪我しないようにと何もやらせないのは、いちばんいけない。いろいろなことを経験したことで物事は判断できるようになる。

家庭内の唯一の安全装置は対話だ。禁止するよりも、それを前提に子供との対話を活発にしたほうがいい。

86

親は子供に「お金」を使うのではなく、「時間」を使うべきである。

子供の教育には、できるだけお金をかけないようにする――これは単に教育費を削るだけでなく、子供の自立も促せるという一石二鳥のメリットがある。入学金や授業料はともかくとして、高校以降の小遣いや生活費（仕送り）の一部は、アルバイトをして自分で稼がせるようにすればよいと思う。遊びにかかるお金や洋服代もアルバイトで賄わなければならないとすれば、子供にも自然と経済感覚が身についていく。そうやって突き放したほうが、真っ当な子供が育つのだ。

大事なのは「お金」をかけることではない。「お受験」のためにせっせと塾に通わせるよりも、子供と一緒にいる時間、話をする時間、考える時間をできるだけ増やしてコミュニケーションを密にし、勉強の大切さや興味を持つ分野を広げることの大切さを自覚するように導いていく。私は、親がお金ではなく、もっと時間を使ってあげたら、我が子が悪い子供に育つことはないと思う。

87

私に言わせれば、
奥さんに見栄を張っているような男は、
もともとダメだと思う。
そんな家庭はすでに崩壊しているも同然だ。
自分がどういう人生を生きたいかを
奥さんに話せないような夫婦関係だったら、
私なら別れることを選ぶだろう。

奥さんが、あなたの身に余るほどの大きな期待をあなたに寄せている場合、これは、早いところ是正したほうがいい。こういう夫婦関係のままだと、会社の出世の順番が部下に抜かれたり、ラインを外されたりしたら、奥さんには隠すしかなくなる。しかし、これを続けるというのも相当辛いことだ。奥さんに対して、自分の違うイメージを伝えているようなら、気の休まる場所がなくなってしまう。

奥さんには、会社でのあなたの実像とライフプランについて、正直に話しておくべきだ。加えて、サラリーマンという商売のリスクの高さもわかってもらえるといい。見栄を張らず、夫婦で何でも話し合えるような人間関係にしておきたい。

88

今を楽しめない人は一生楽しめない。
現時点で好きなことがやれていない人は、
第二の人生でもやっぱりできないのである。

現役のサラリーマンが「仕事もプライベートも充実させる」などということが現実にできるだろうか。

できるに決まっている。そのためにはまず、「本当にやりたいことは引退してからやればいい」「時間ができたら、その時間を趣味にあてる」という発想を変えることだ。

私はやりたいことがあれば、１年のうちのどこでそれをやるか先に決め、年初に休みを取ってしまうことにしている。さらに、ここは仕事を休んでこれをやると決めたら、その予定は何があっても動かさない。そうやって、ひとつひとつ確実に実現していくのである。

出典（一部、加筆および修正）

『遊ぶ奴ほどよくデキる！』『稼ぐ力』『最強国家ニッポンの設計図』『サラリーマン「再起動」マニュアル』『サラリーマン・サバイバル』『サラリーマン・リカバリー』『民の見えざる手』『ドットコム仕事術』『なぜあなたはやらないのか』『ビジネス・ウエポン』『「リーダーの条件」が変わった』『低欲望社会』（以上小学館）、『考える技術』『大前研一の新・国富論』『やりたいことは全部やれ！』（以上講談社）、『50代からの選択』（集英社）、『大前研一戦略論』（ダイヤモンド社）、『お金の流れが変わった！』『新・家族論　親が反対しても、子どもはやる』『大チャンス到来！　ビジネス力の磨き方』（以上ＰＨＰ研究所）、『企業参謀ノート［入門編］』『時間とムダの科学』『続・企業参謀』（以上プレジデント社）、『21世紀維新』（文藝春秋）

〈参考資料〉

ｉＰｈｏｎｅ／ｉＰａｄ対応アプリ『大前研一　３６５の名言』（ライターハウス）

大前研一（おおまえ・けんいち）
1943年福岡県生まれ。早稲田大学理工学部卒業後、東京工業大学大学院原子核工学科で修士号を、マサチューセッツ工科大学（MIT）大学院原子力工学科で博士号を取得。日立製作所原子力開発部技師を経て、72年に経営コンサルティング会社マッキンゼー・アンド・カンパニー・インク入社。本社ディレクター、日本支社長、アジア太平洋地区会長を歴任。現在は日本初のオンライン教育大学「BBT（ビジネス・ブレークスルー）大学」の学長として日本の将来を担う人材の育成に力を注いでいる。著書に『企業参謀』『新・資本論』『質問する力』などのロングセラーのほか、『この国を出よ』『日本復興計画』『リーダーの条件」が変わった』『原発再稼働「最後の条件」』『クオリティ国家という戦略』『日本の論点』『稼ぐ力』『低欲望社会』などがある。

大前語録
勝ち組ビジネスマンになるための88か条

2015年9月19日　初版第1刷発行

著　者　大前研一
発行者　水野麻紀子
発行所　株式会社 小学館
〒101-8001
東京都千代田区一ツ橋2-3-1
電話　編集03（3230）5930
販売03（5281）3555
印刷所　大日本印刷 株式会社
製本所　株式会社 若林製本工場

ISBN978-4-09-346088-0